Comme lettre couverture

LA *Gu... la thé*

Guerre

DE

1870-71

1847 1

LA 1re ARMÉE DE LA LOIRE

ATLAS

PARIS

LIBRAIRIE CHAPELOT

MARC IMHAUS & RENÉ CHAPELOT, ÉDITEURS

30, Rue Dauphine, VIe (Même Maison à NANCY)

1913

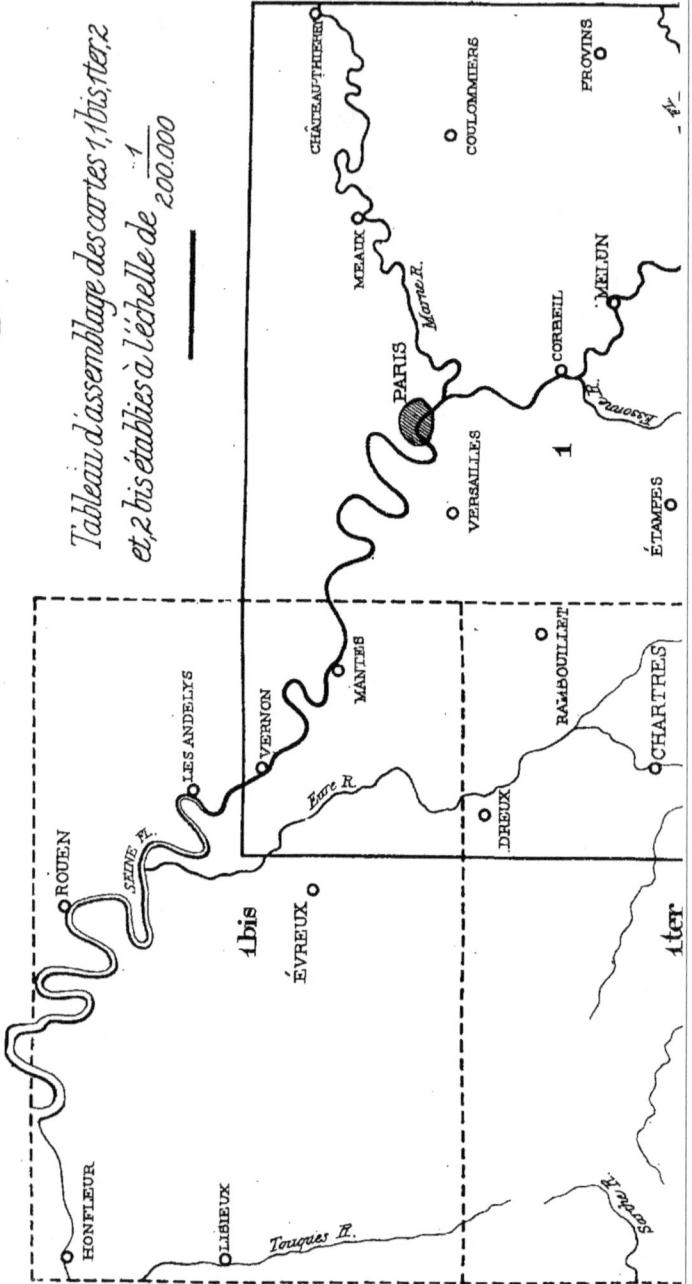

Tableau d'assemblage des cartes 1, 1bis, 1ter, 2 et 2bis établies à l'échelle de $\frac{1}{200.000}$

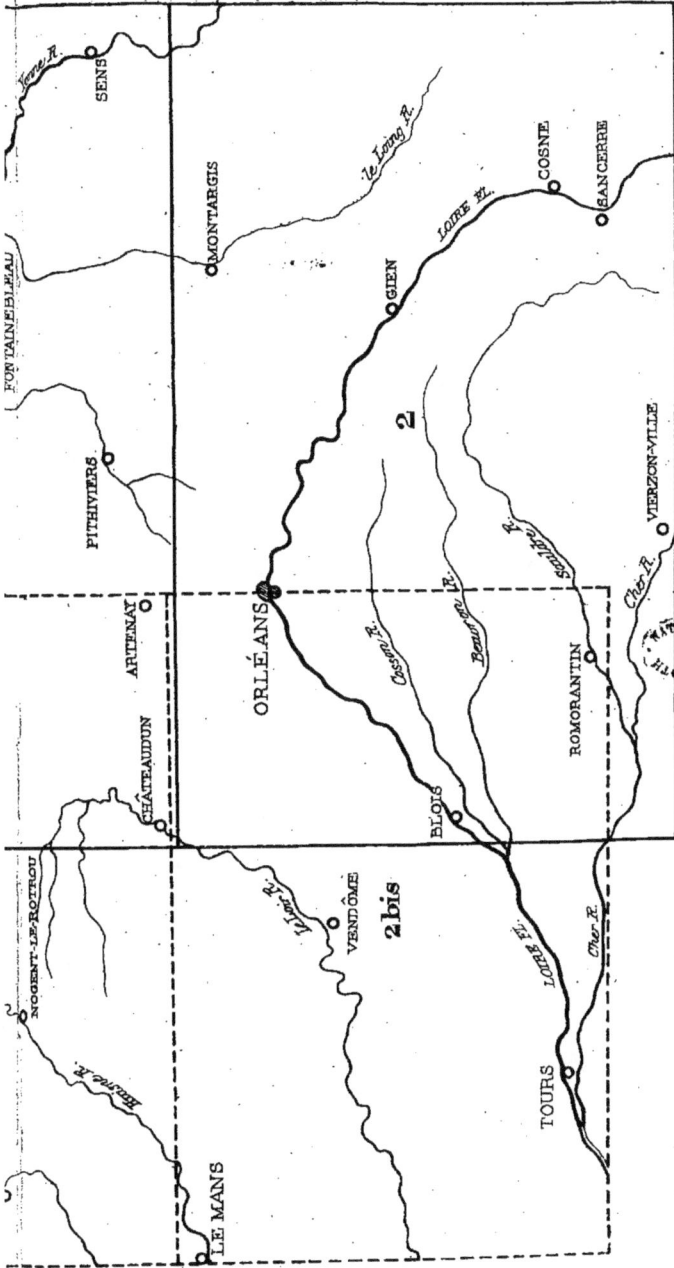

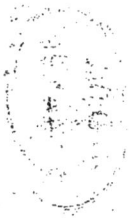

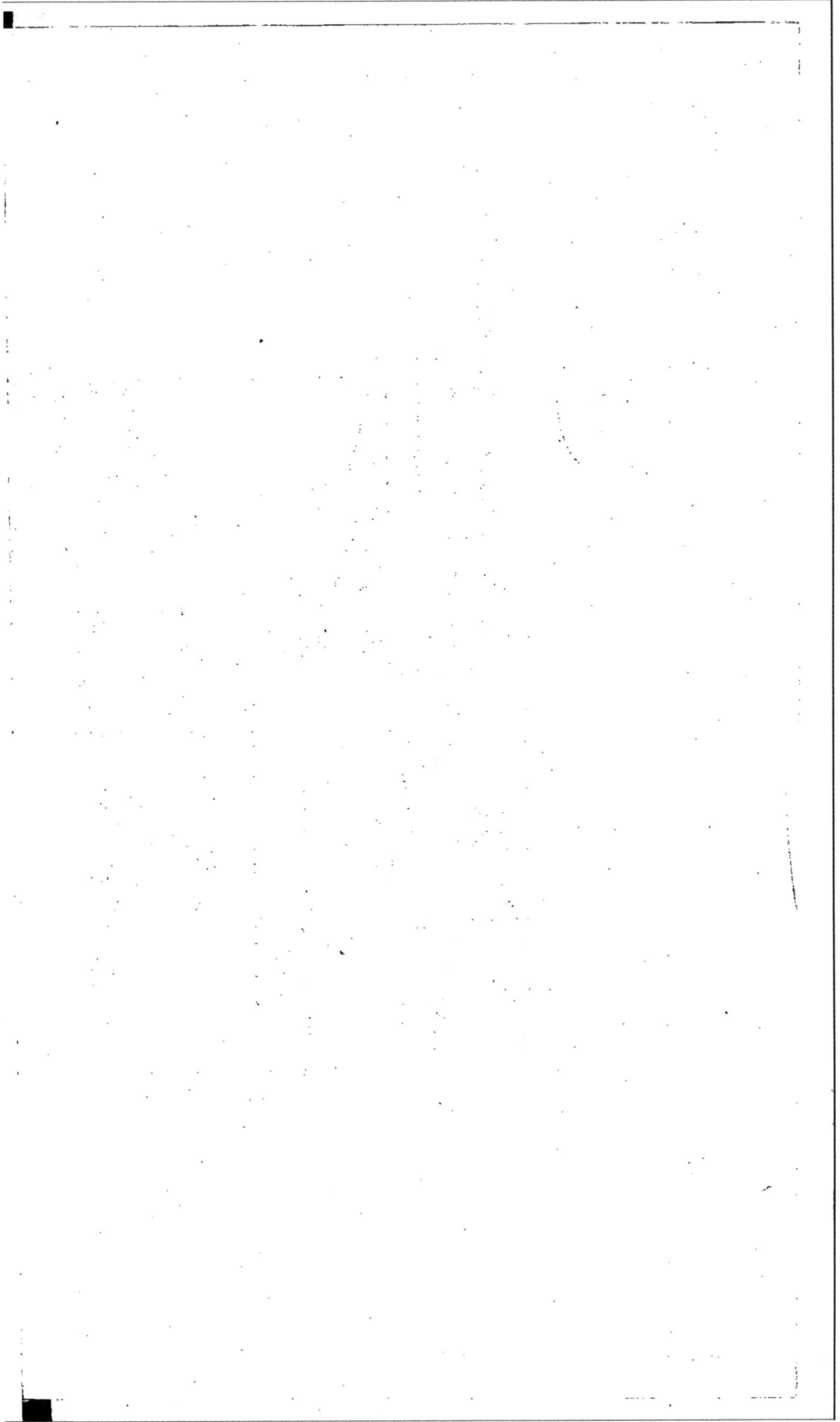

Tableau d'assemblage des cartes 3 à 15
établies à l'échelle de $\frac{1}{80.000}$

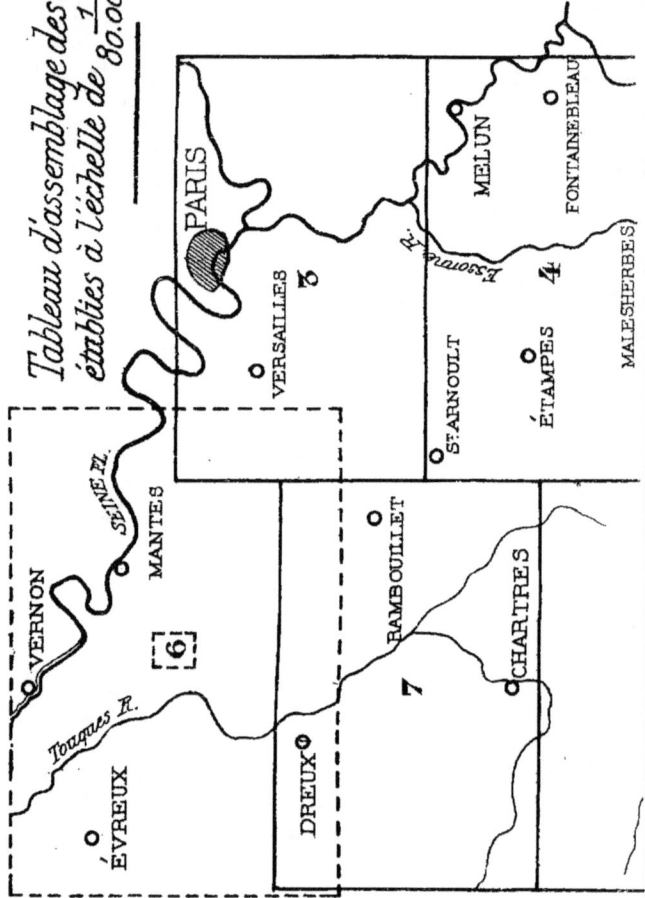

VERNON

SEINE Fl.

MANTES

6

PARIS

VERSAILLES

5

St ARNOULT

MELUN

FONTAINEBLEAU

L'Essonne R.

ÉTAMPES

4

MALESHERBES)

Touques R.

ÉVREUX

DREUX

RAMBOUILLET

CHARTRES

7

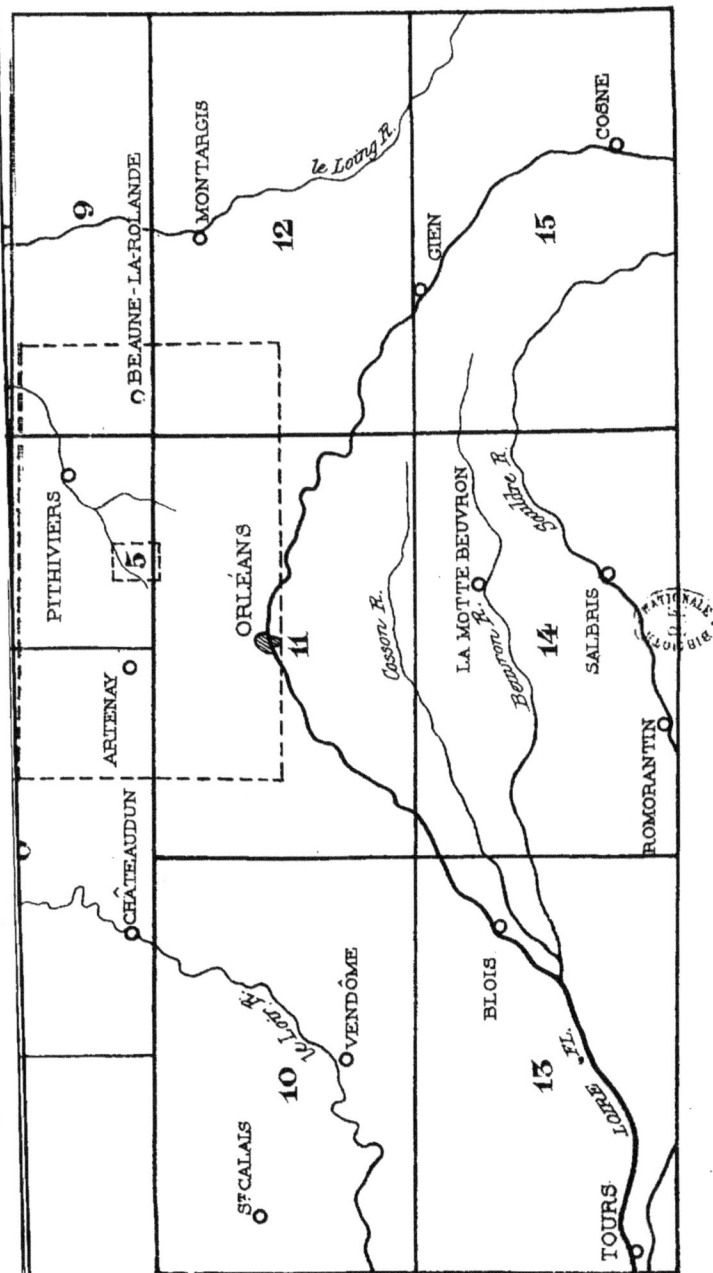

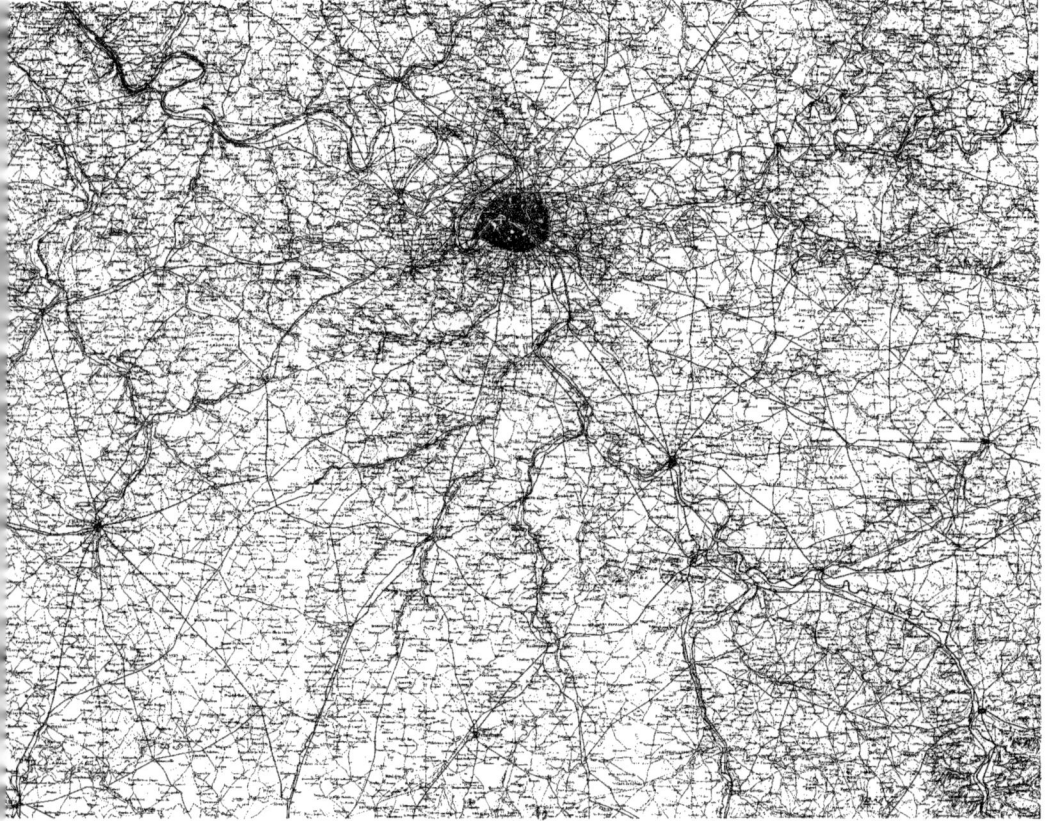

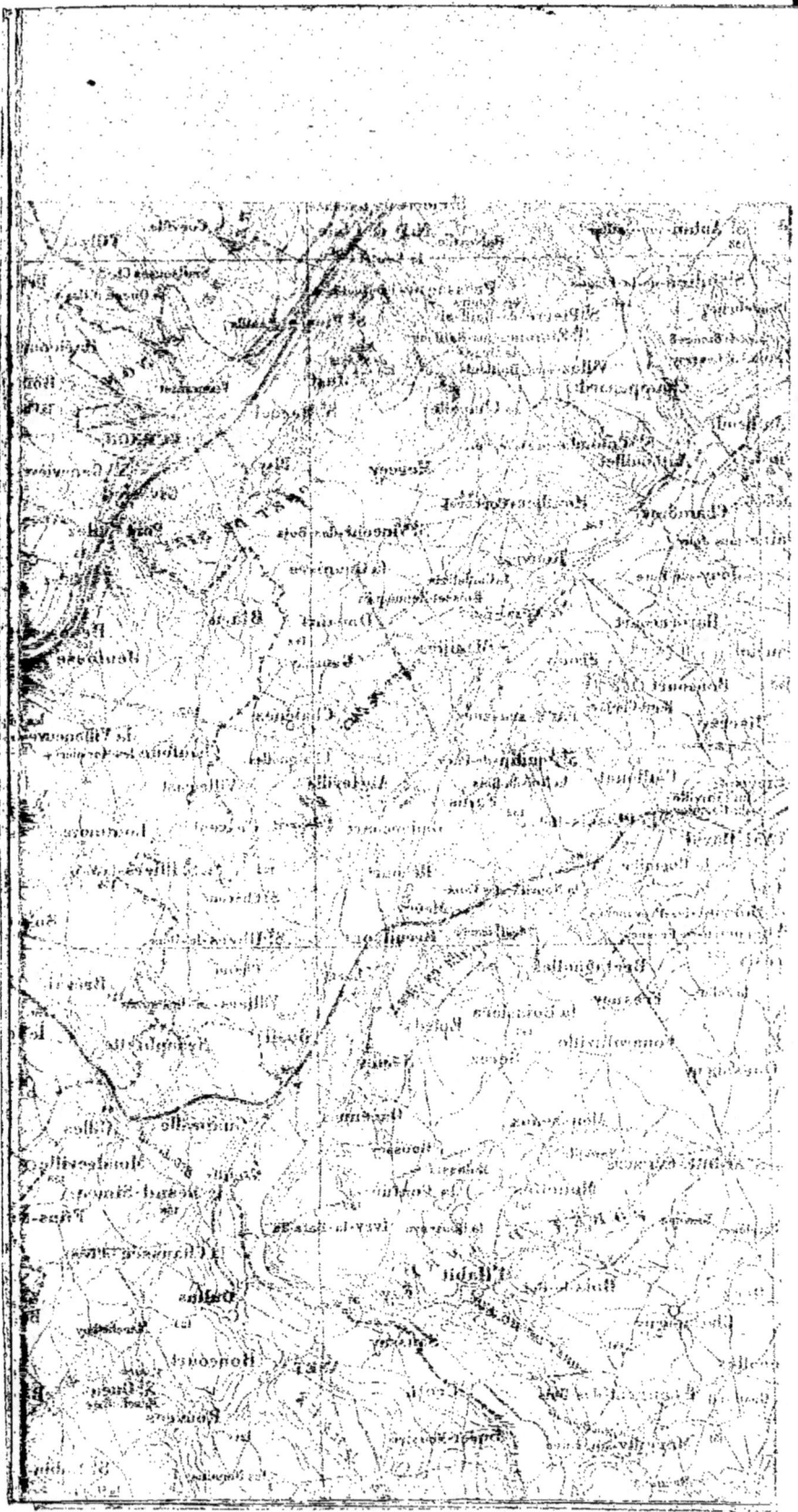

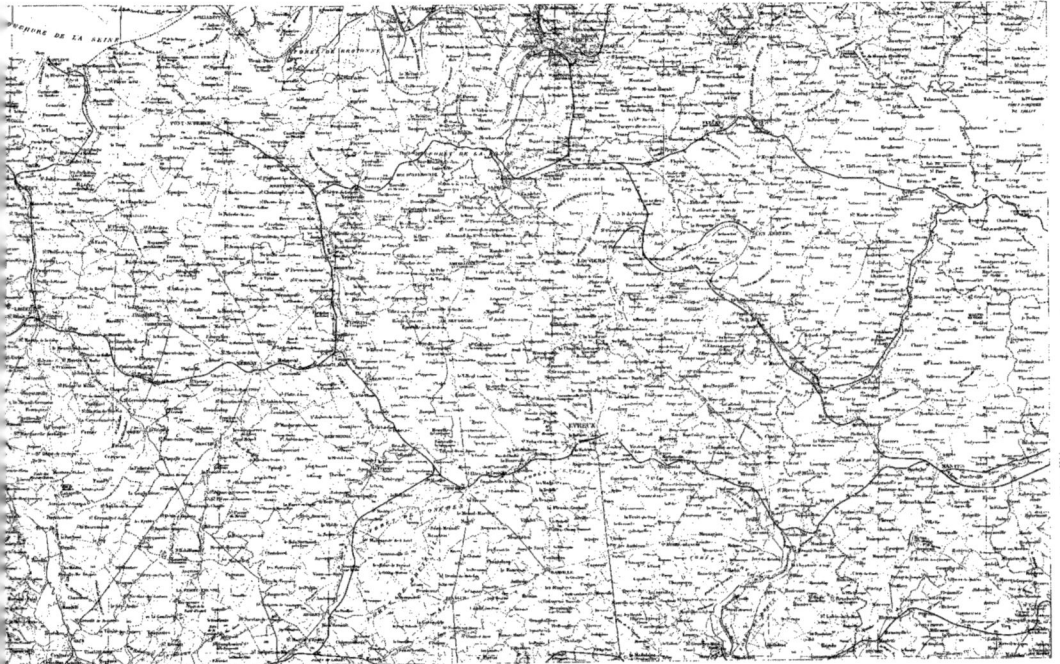

Échelle (200.000)

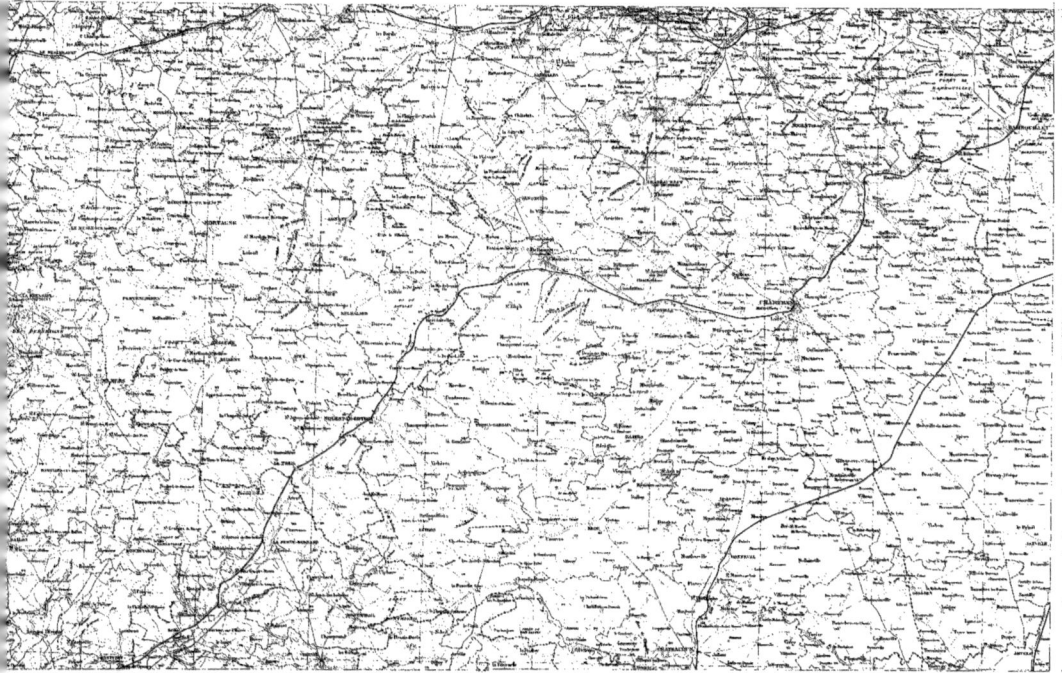

Échelle (1:200.000)

(Carte N° 2 bis)

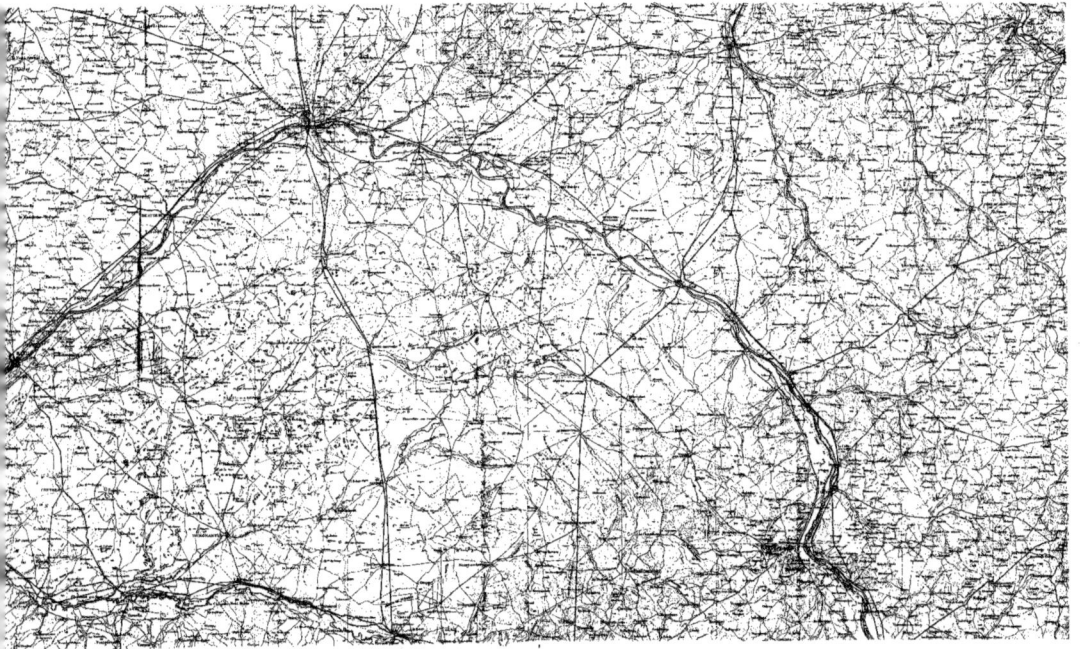

Échelle non coni

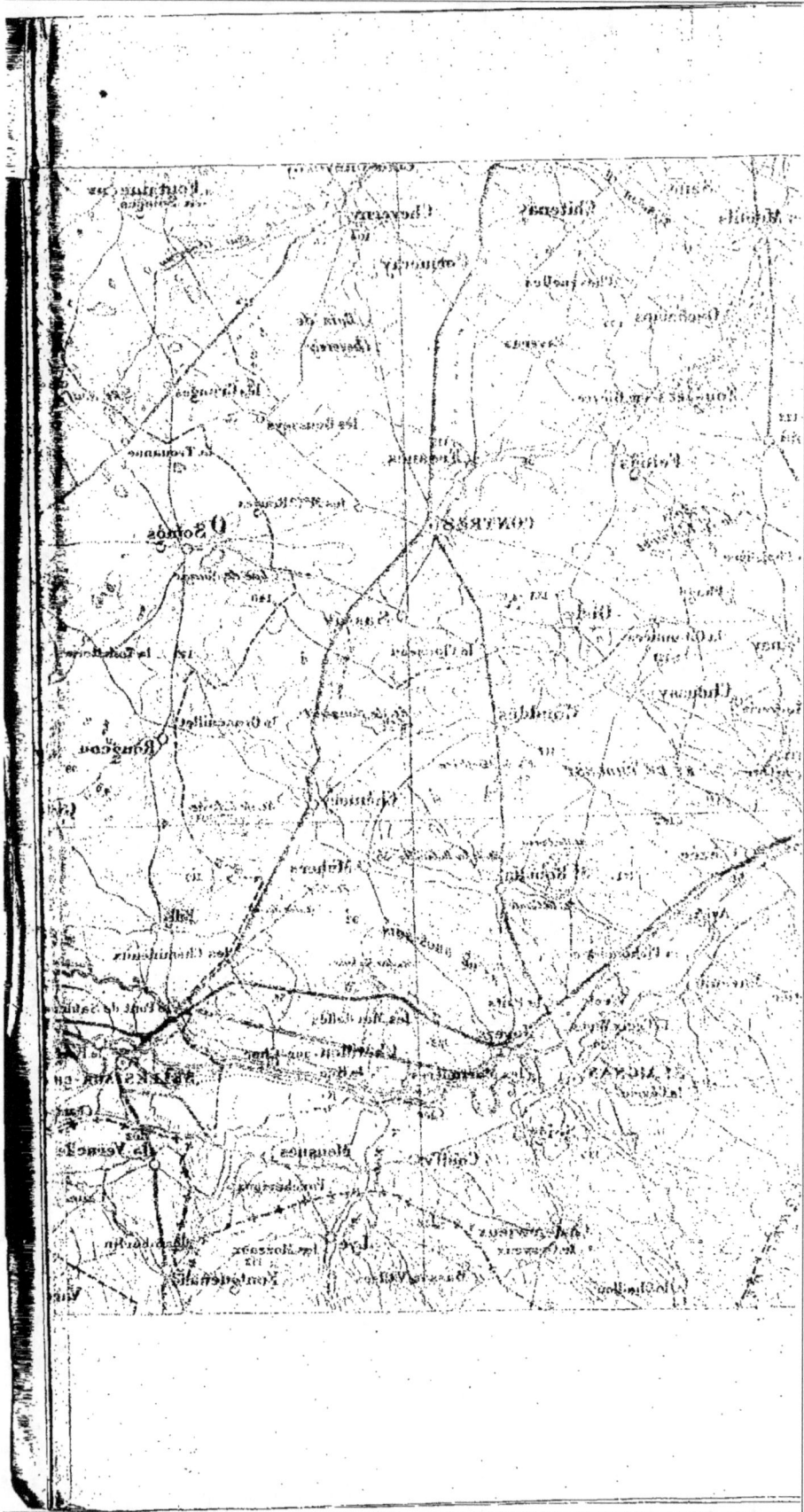

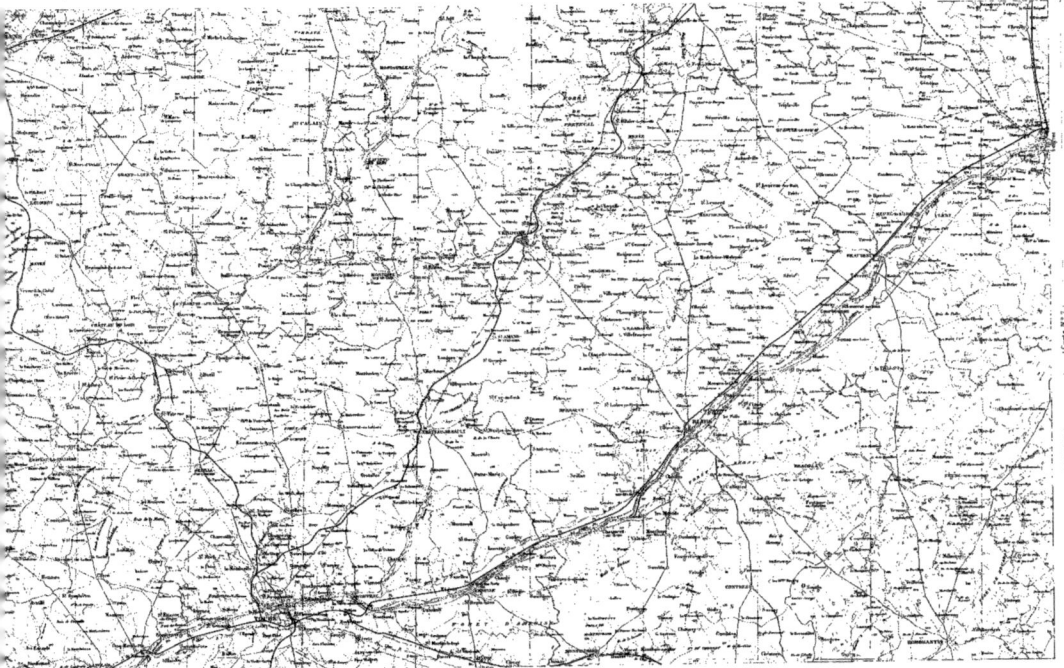

Échelle 1:200.000

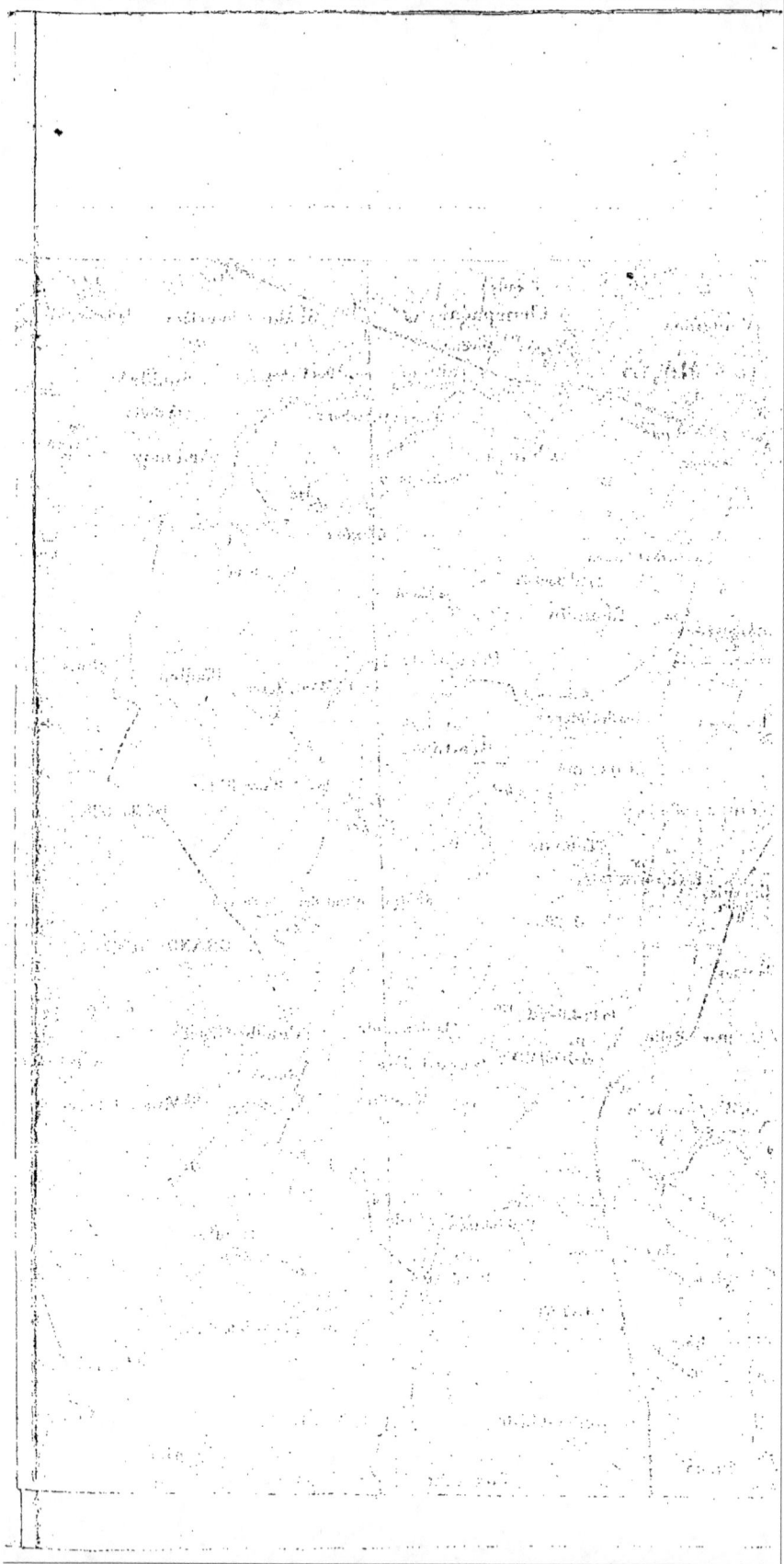

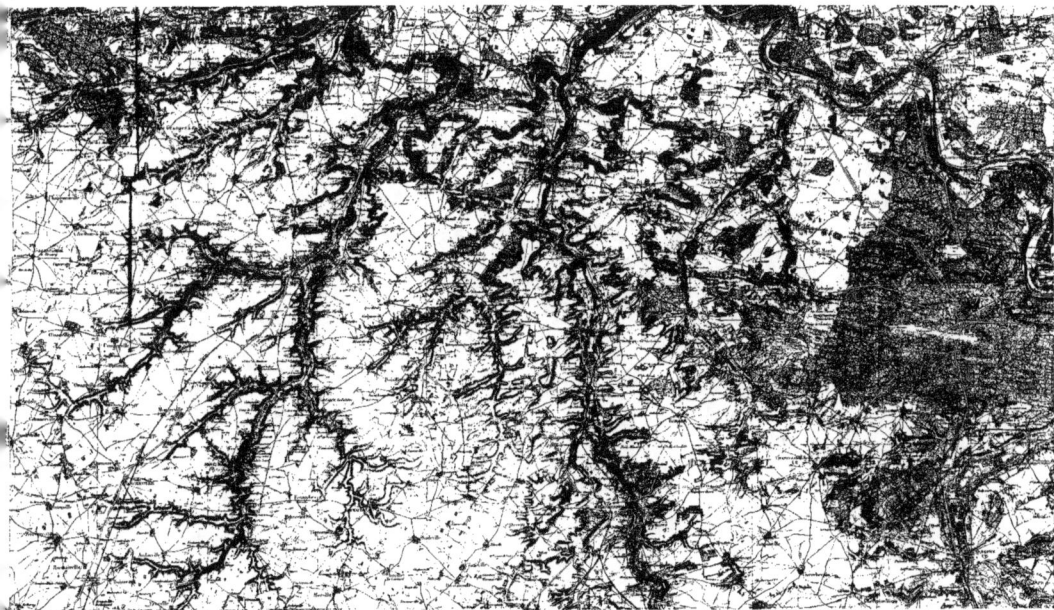

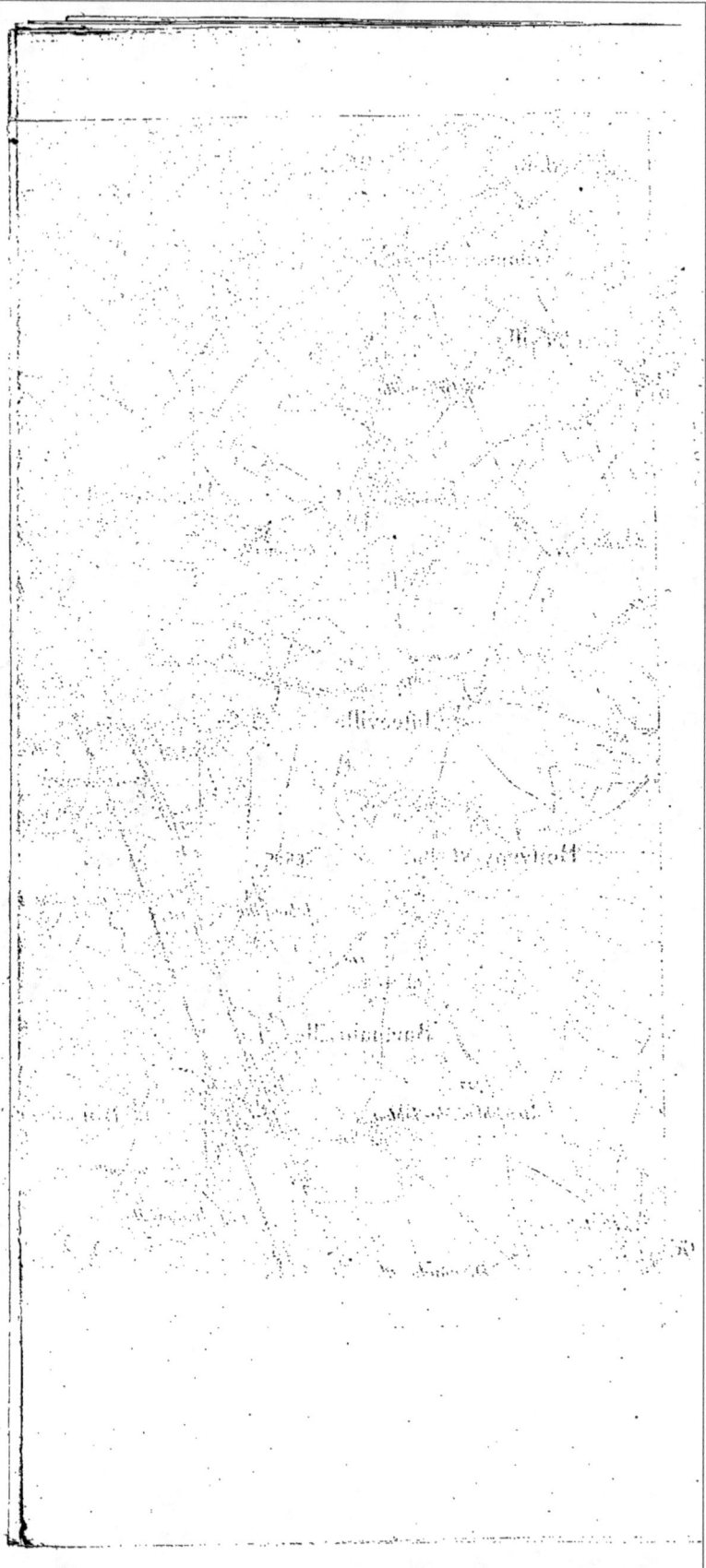

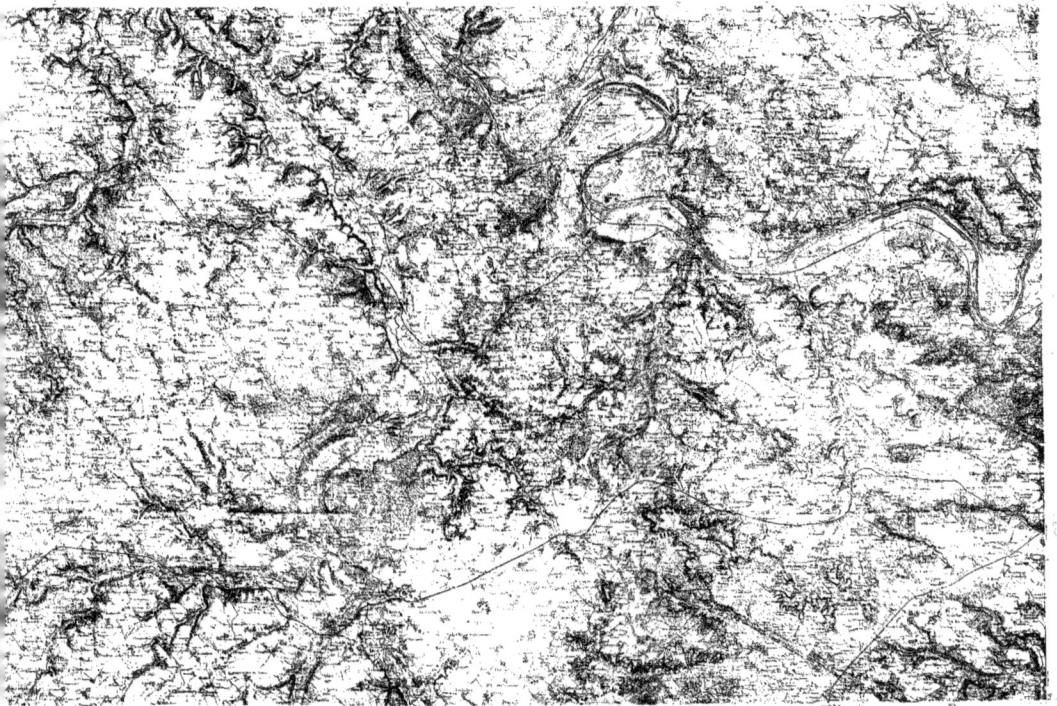

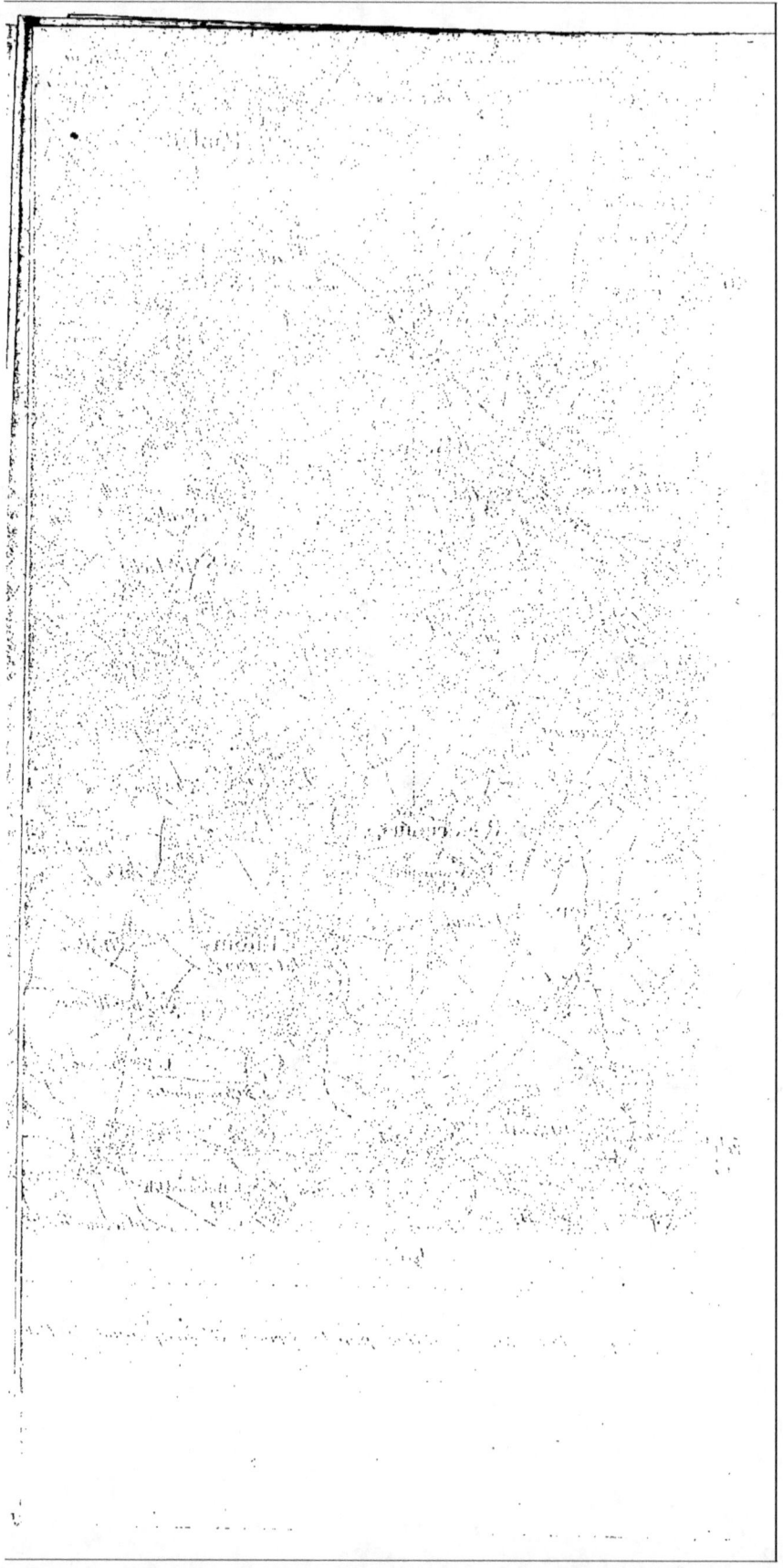

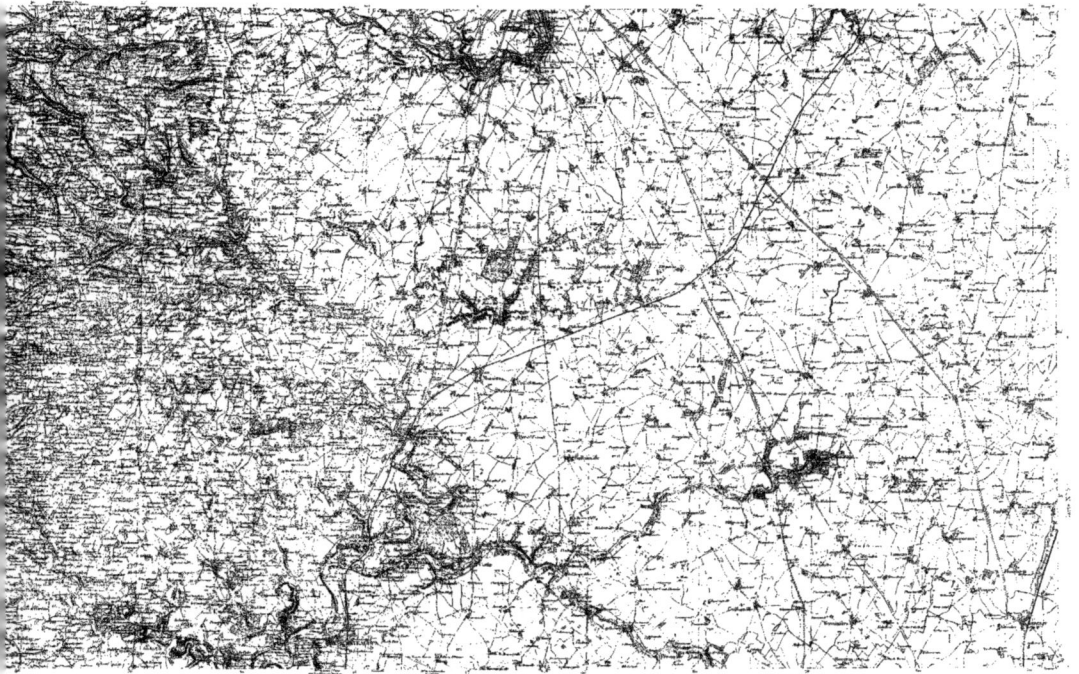

IM

(Carte N° 9)

Échelles Métriques

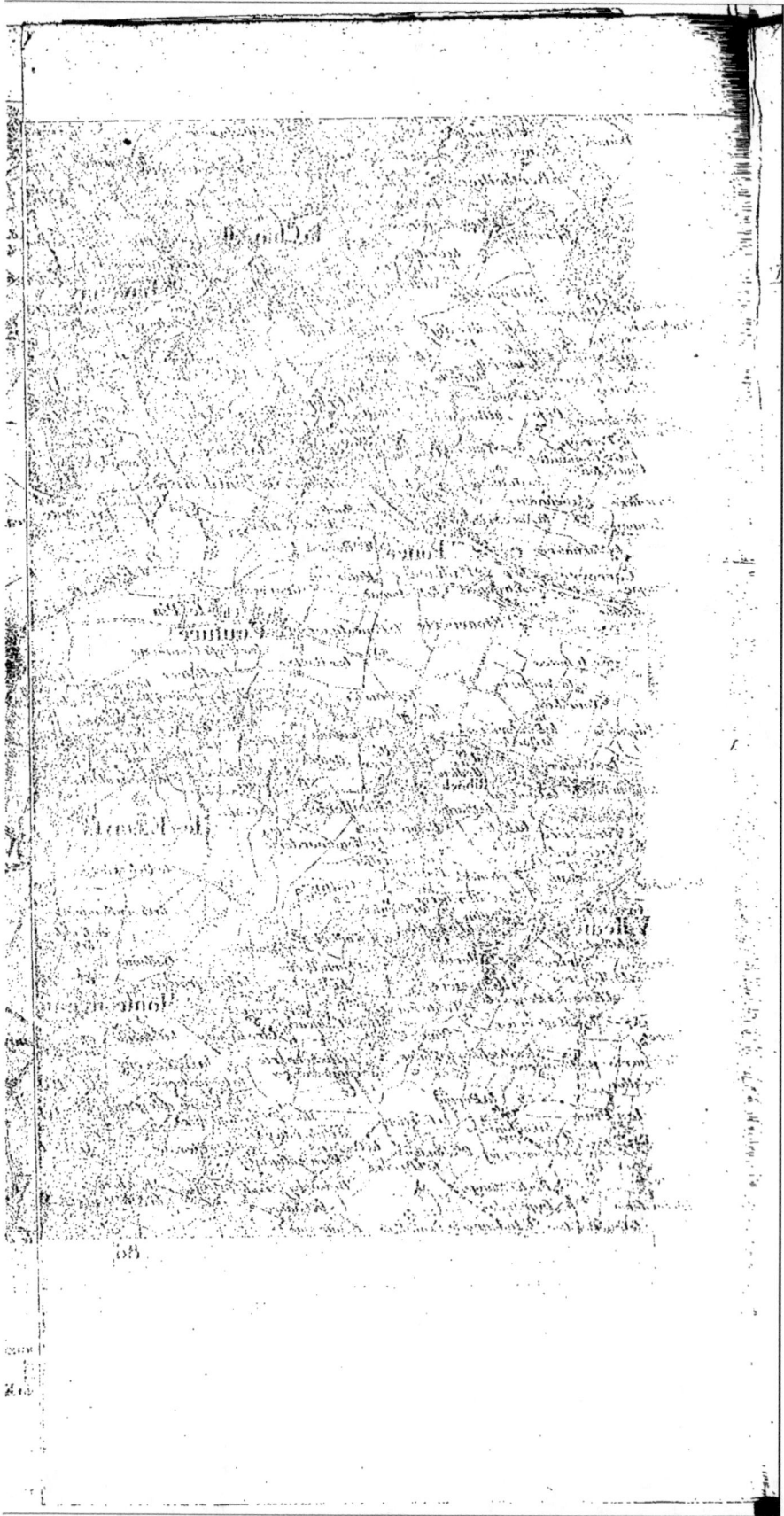

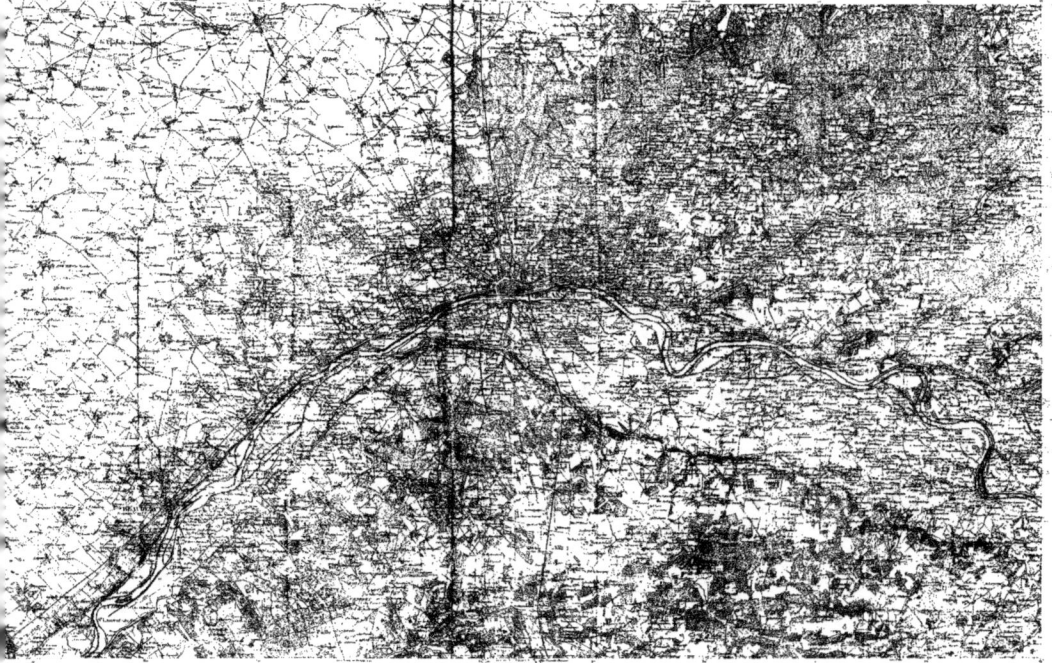

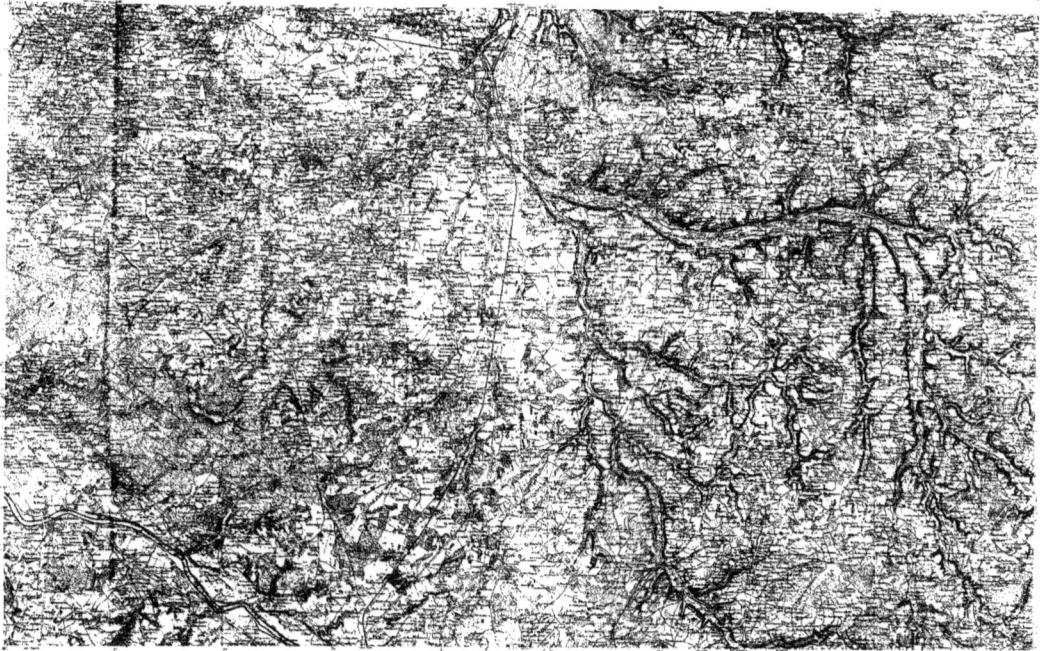

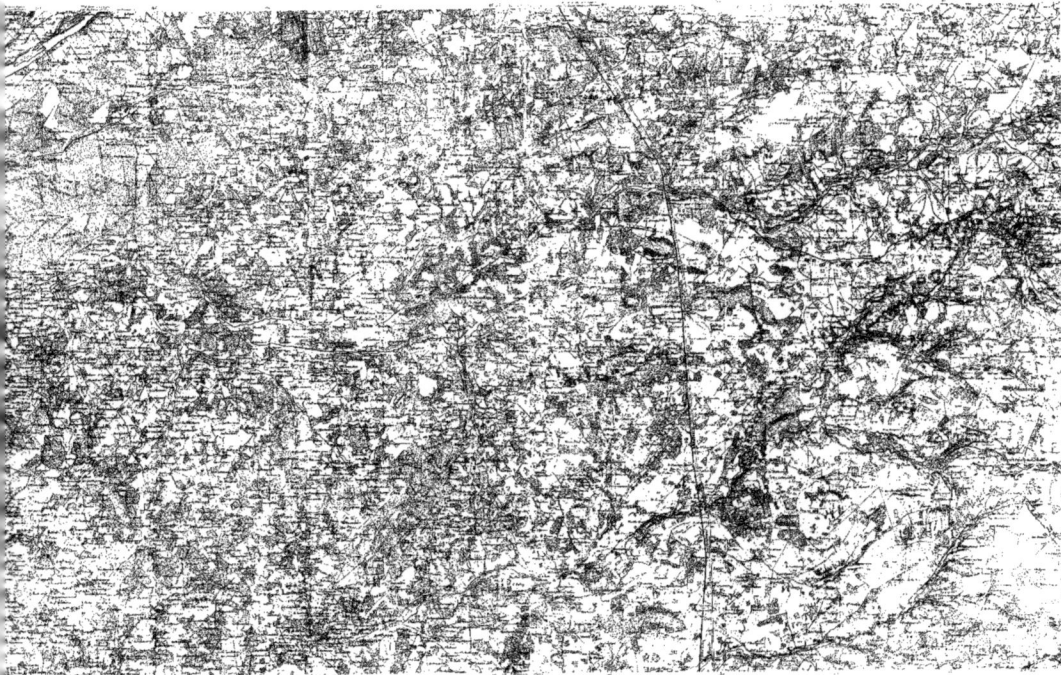

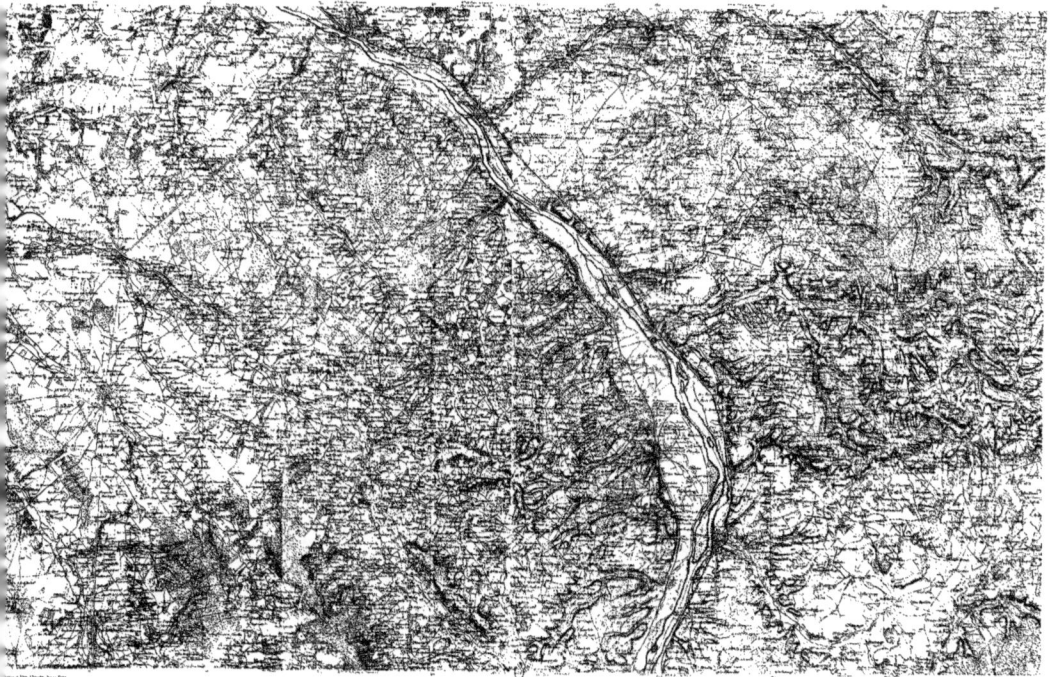

GUERRE DE 1870-71

(Publication de la Section historique de l'État-Major de l'Armée française)

Marc Imhaus et René Chapelot, imprimeurs. — Nancy et Paris.

www.ingramcontent.com/pod-product-compliance
Lightning Source LLC
LaVergne TN
LVHW020053090426
835510LV00040B/1689